Tommy Parry

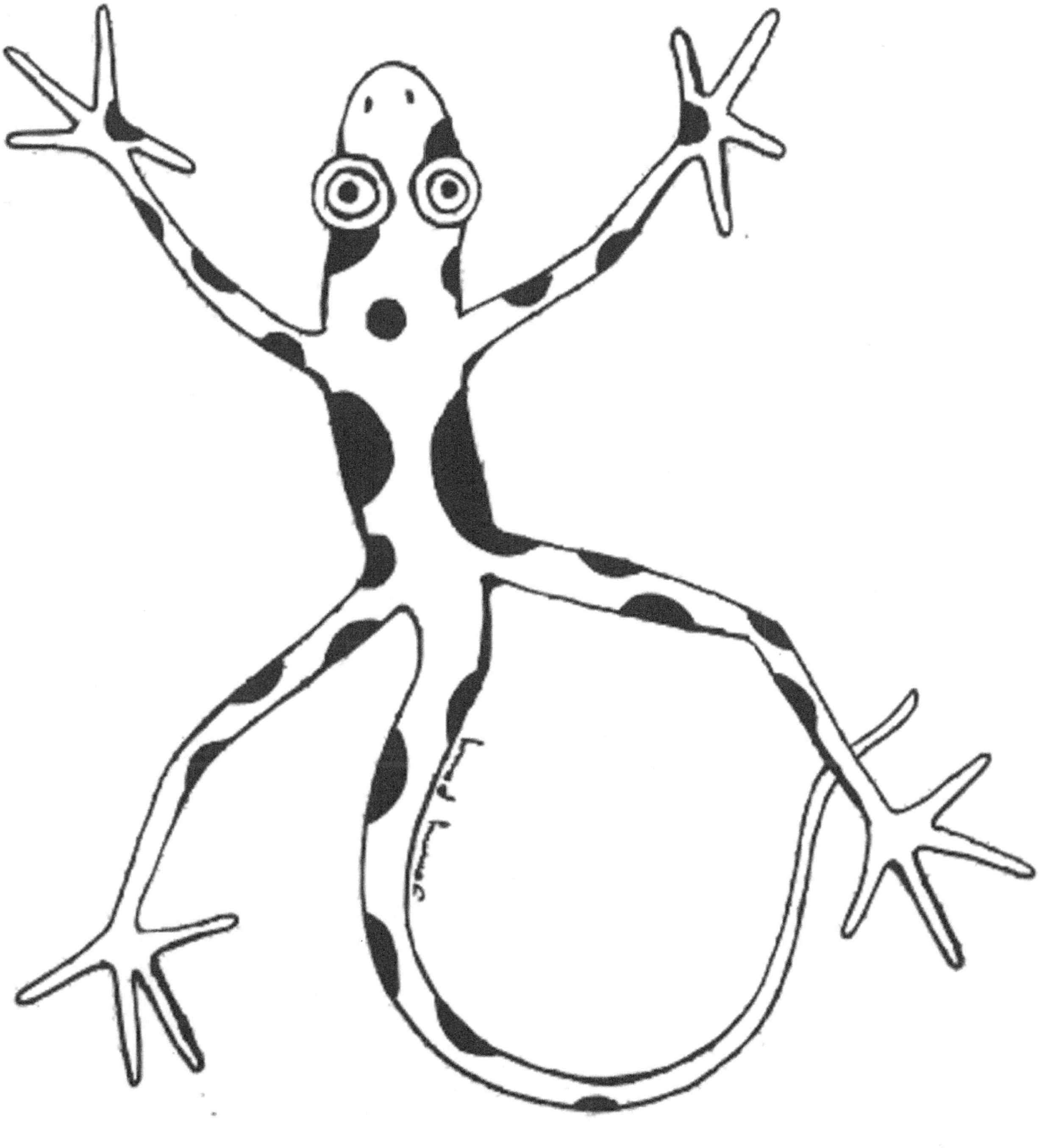

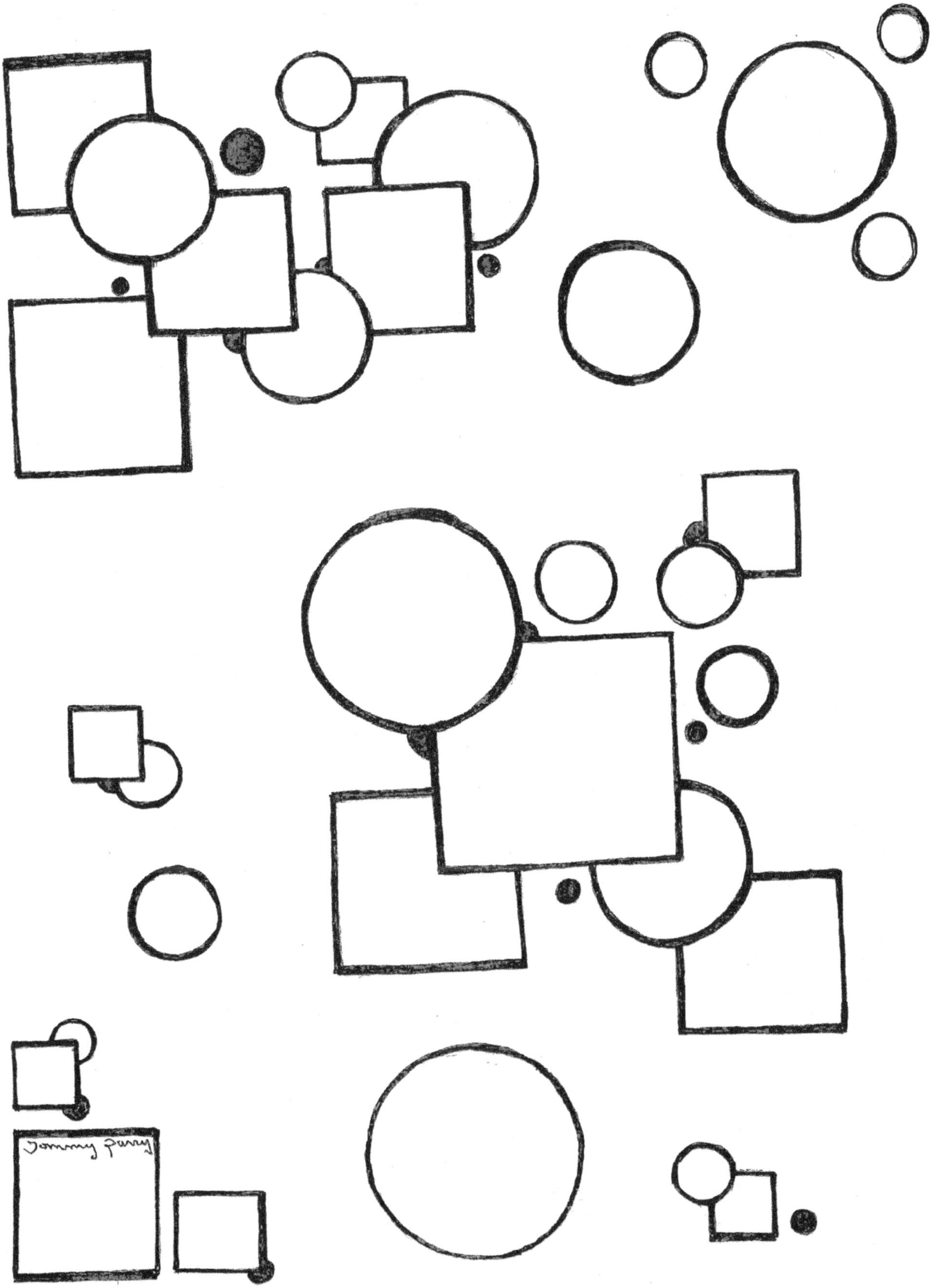
Tommy Parry

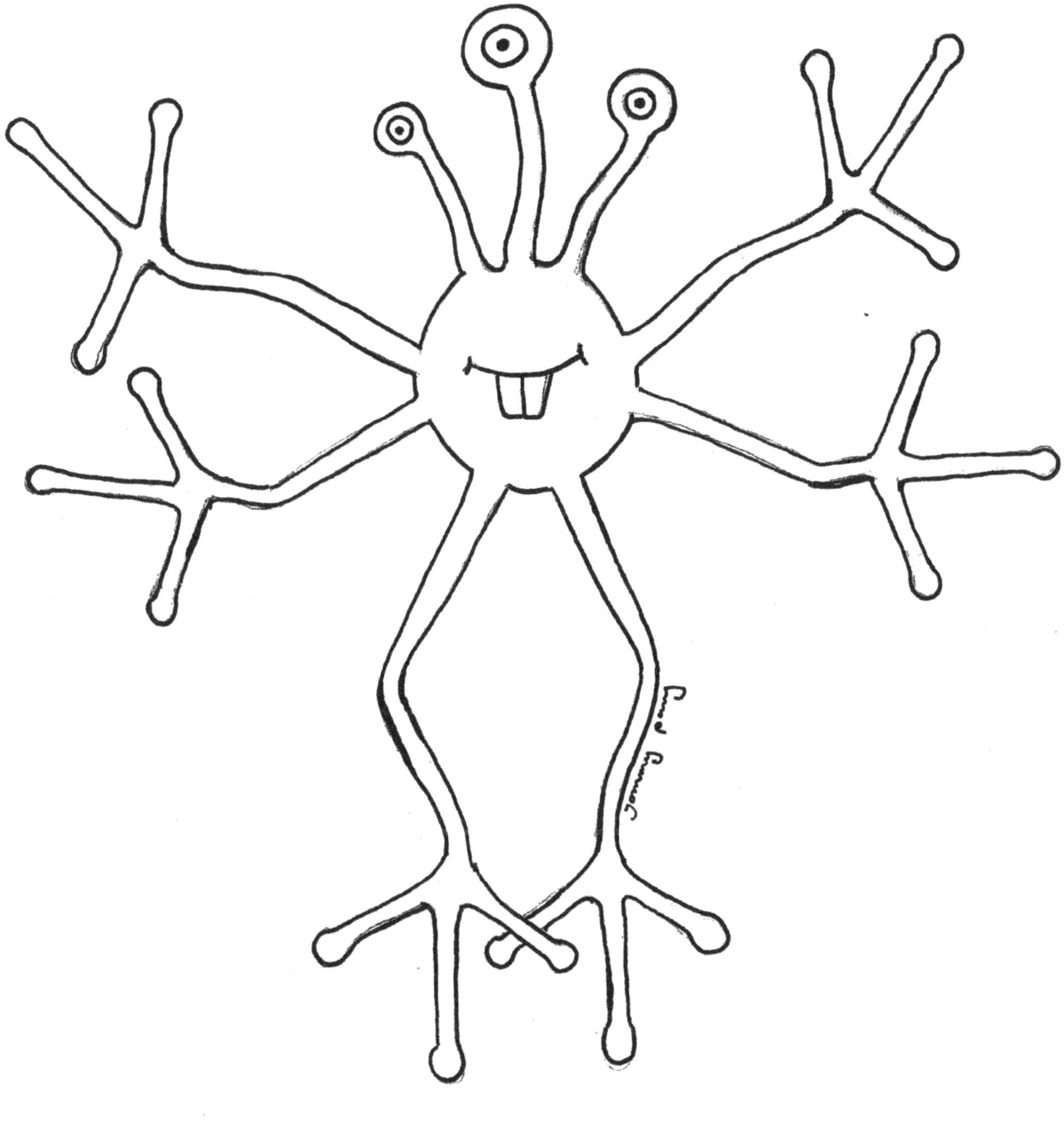

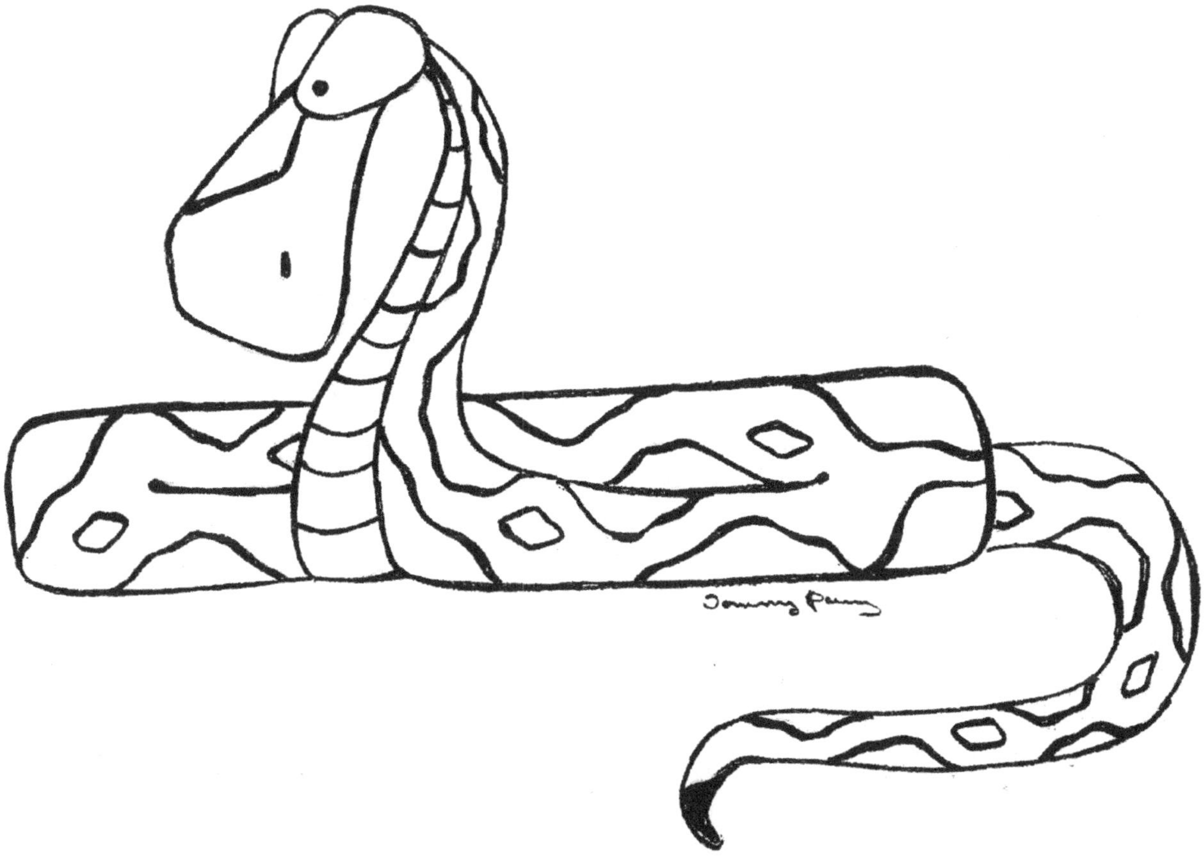

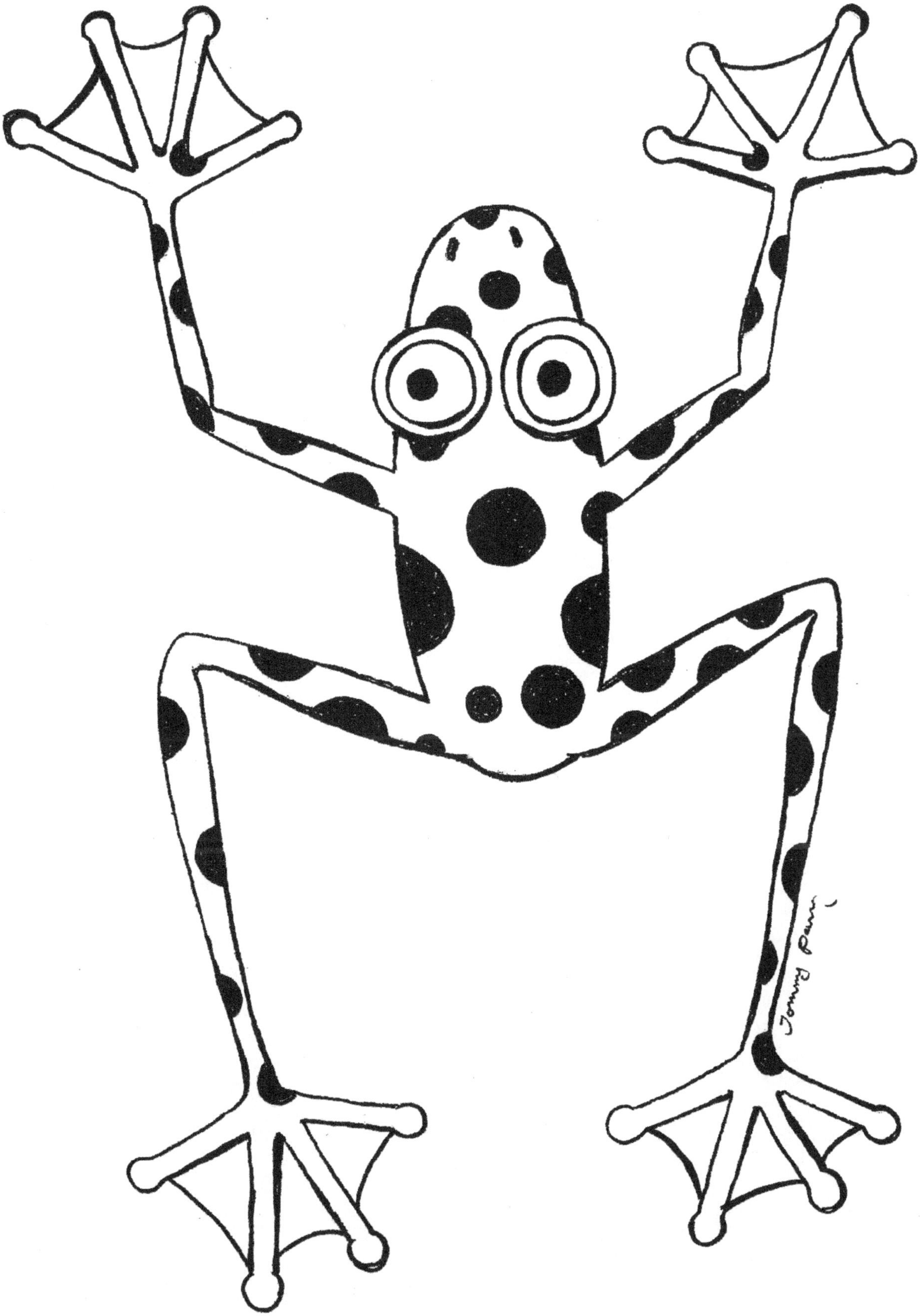

Tommy Parry

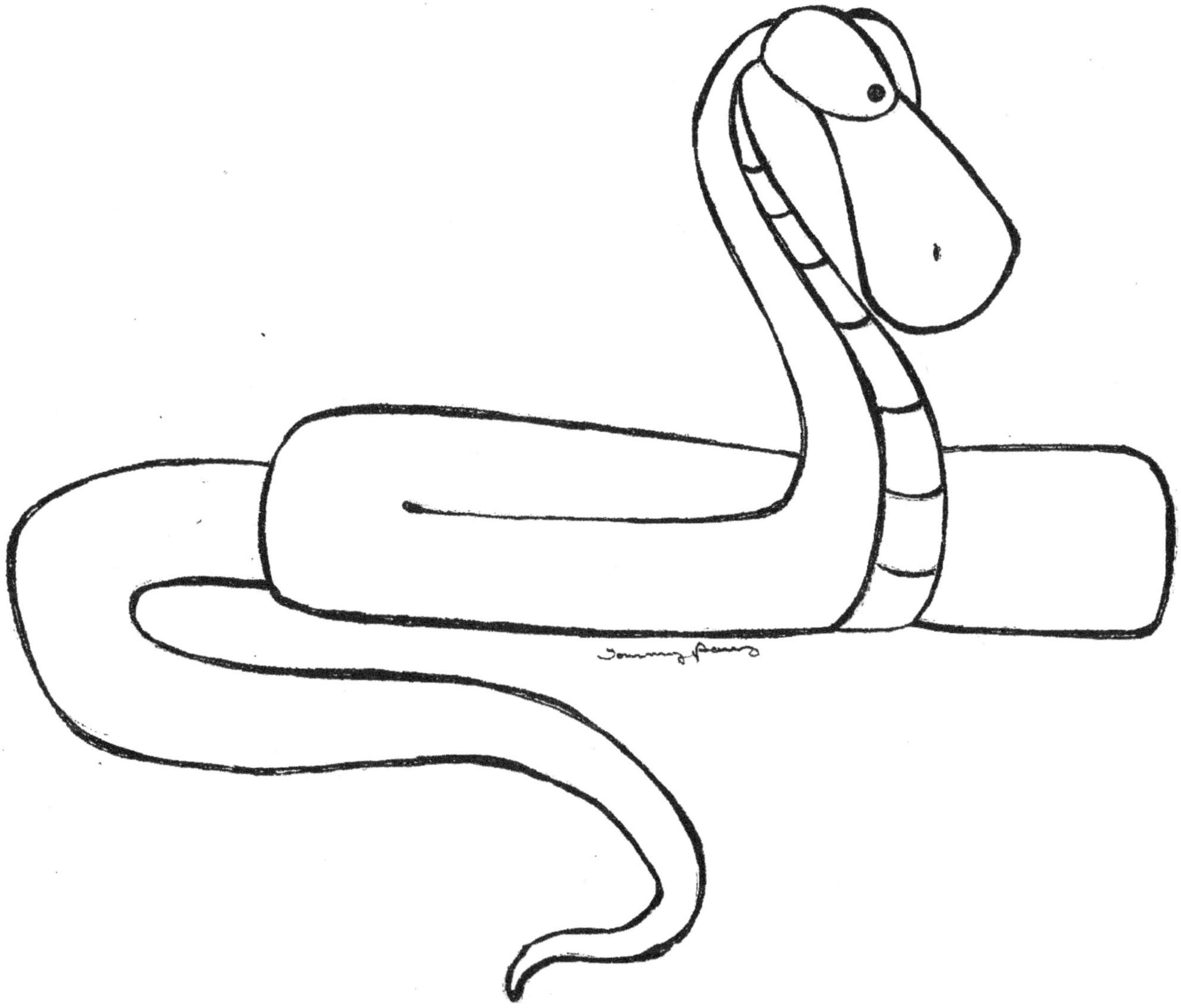

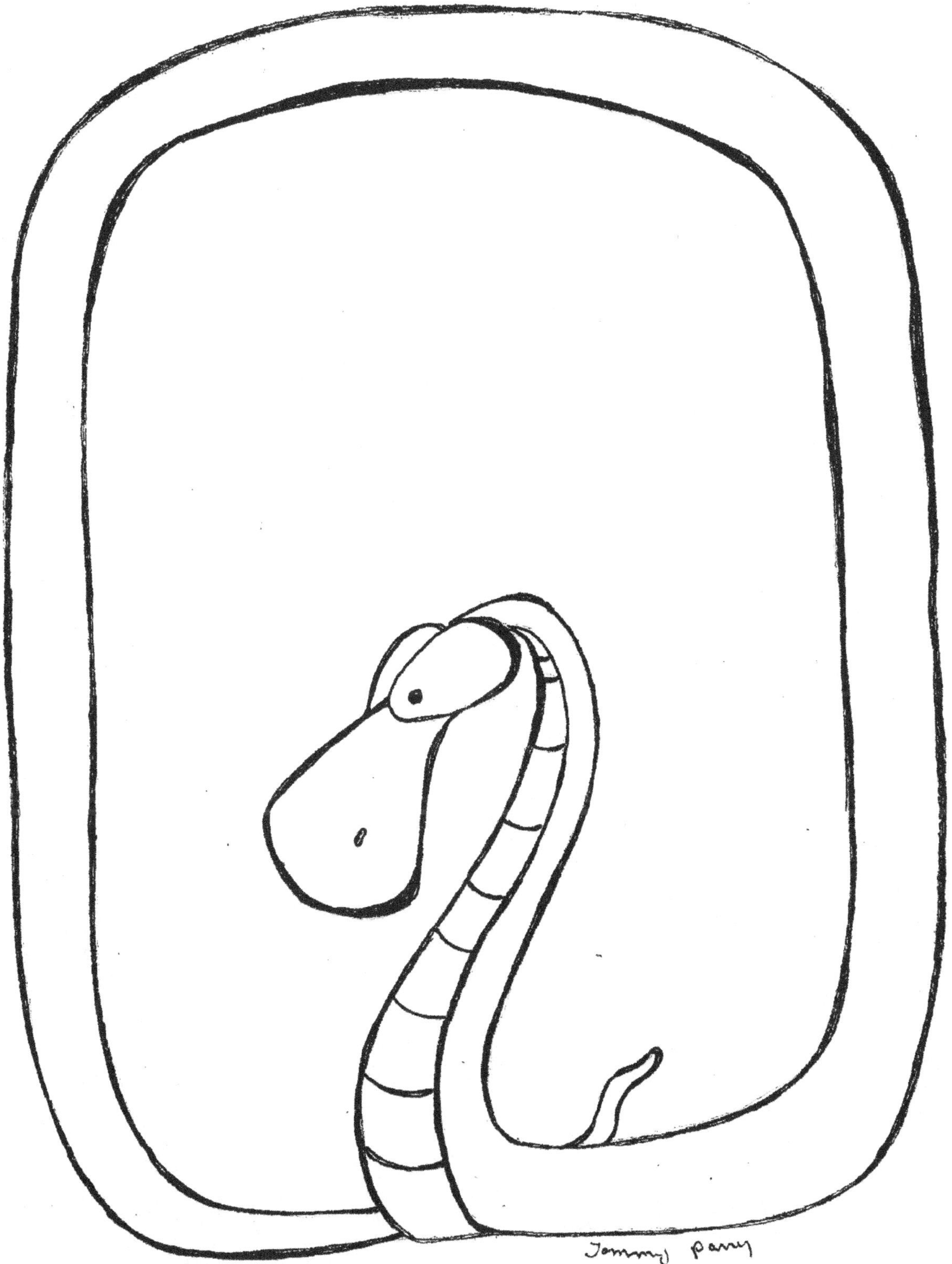
Tommy Parry

Tommy Perry

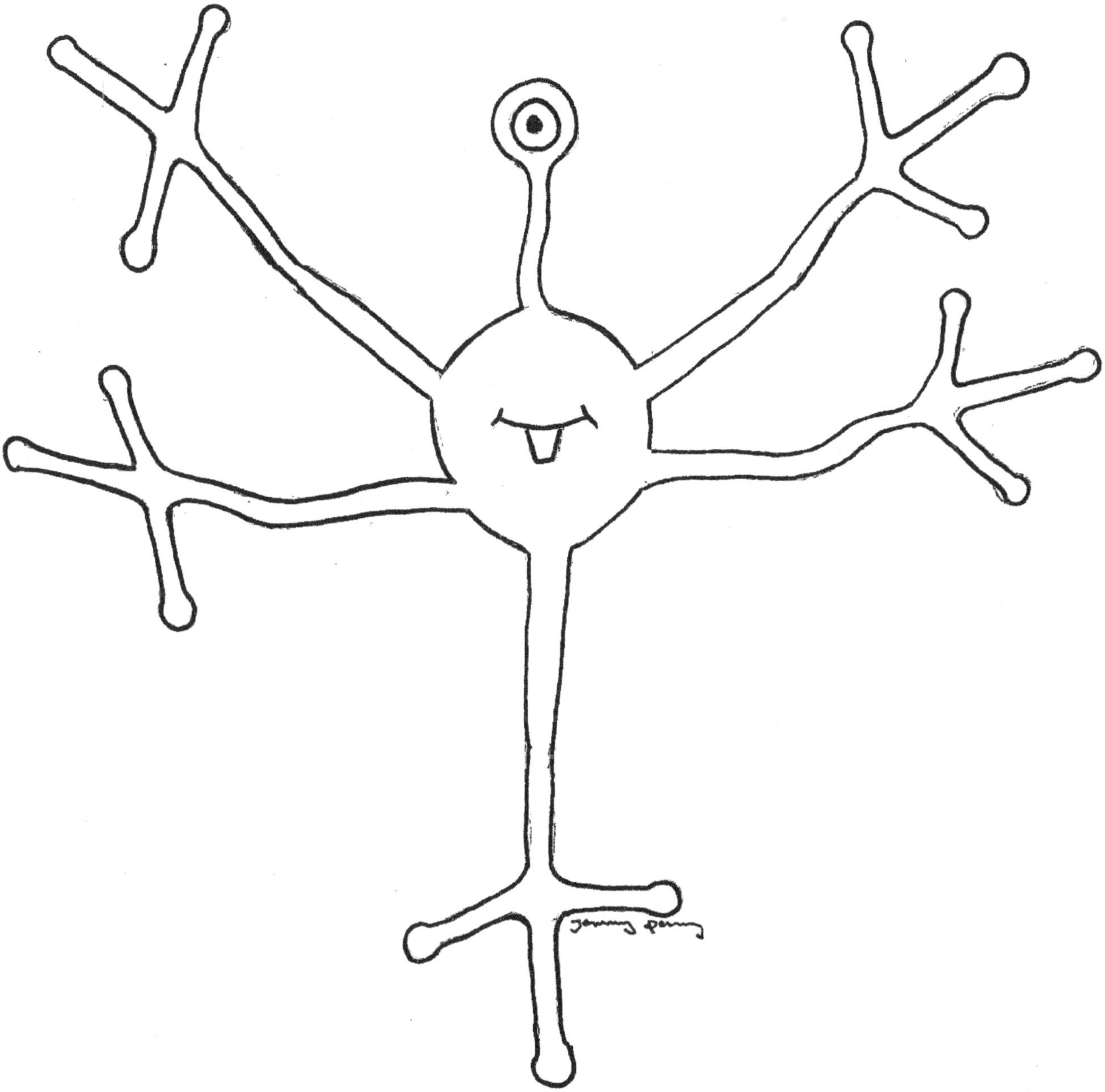

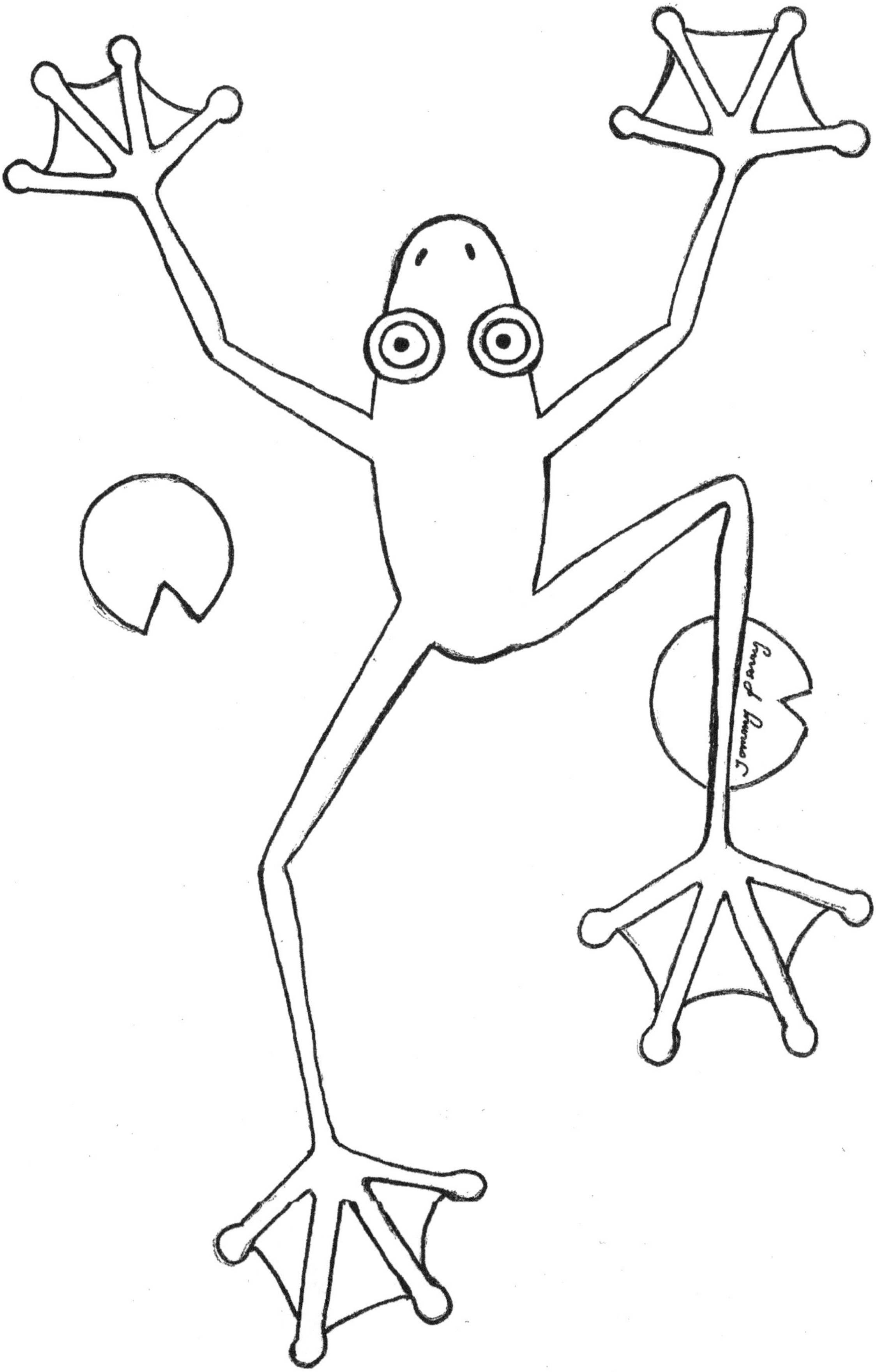

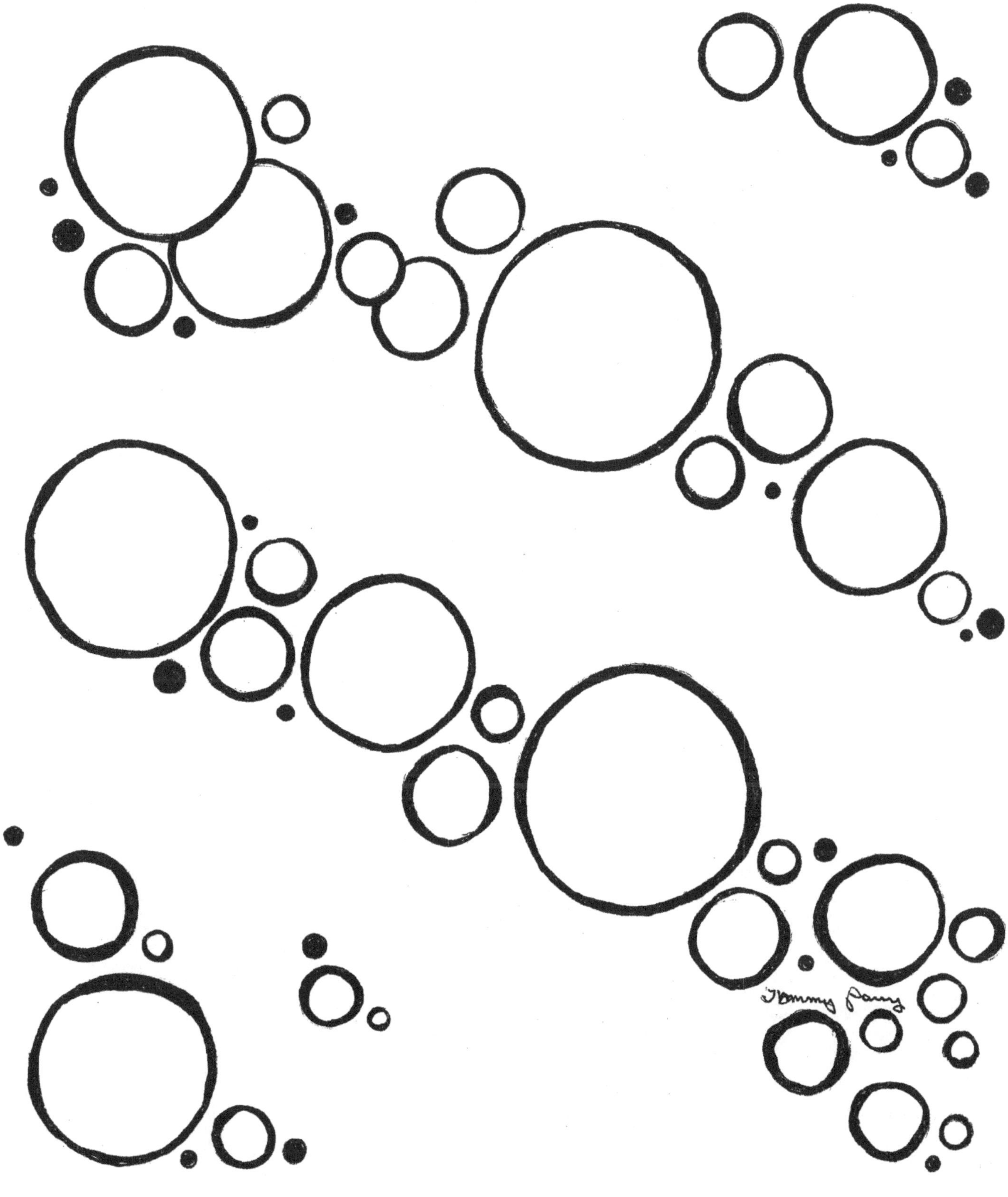

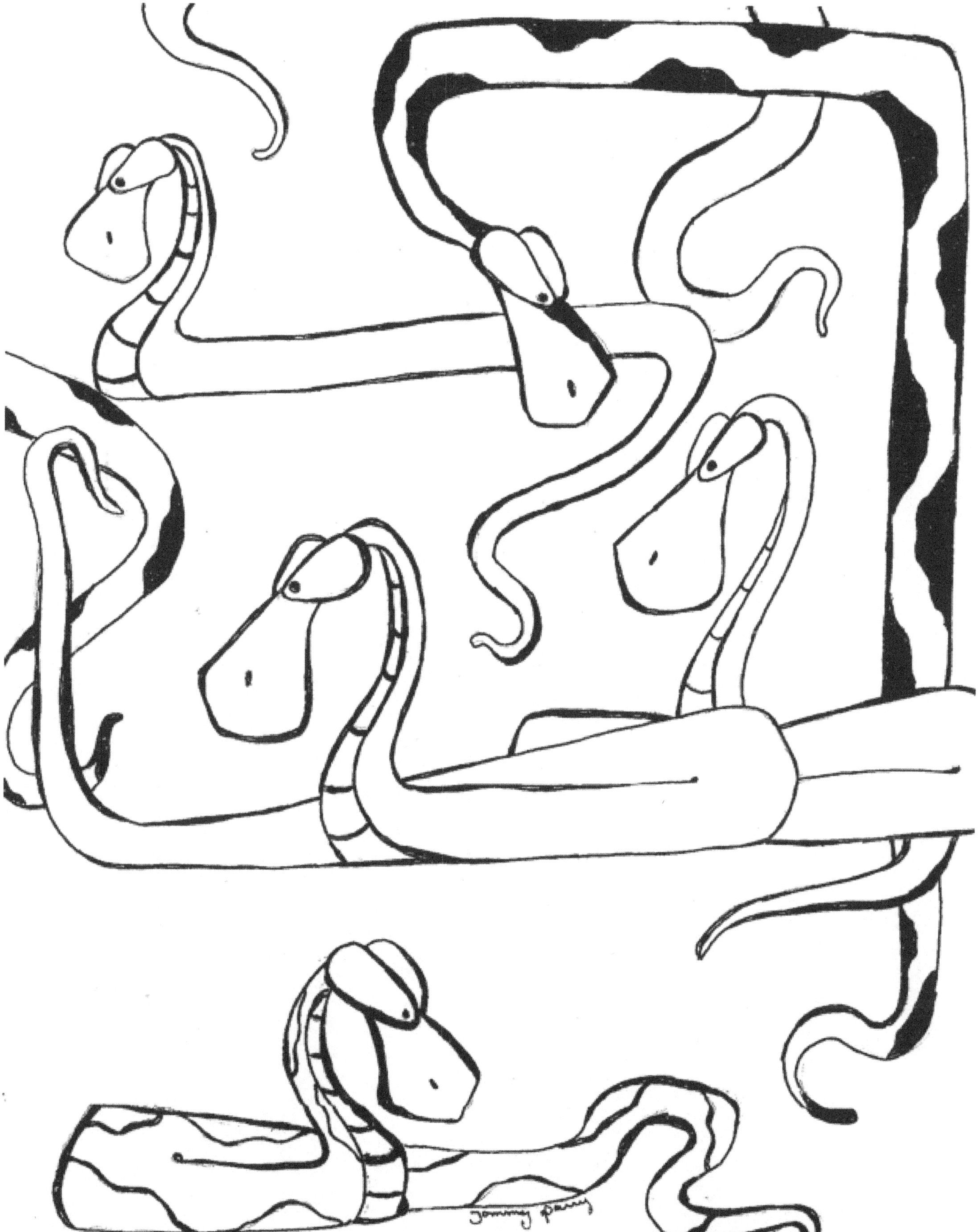

Made in the USA
Las Vegas, NV
08 January 2025

16036829R00033